STSSL.CN
STANDARD TEST OF SPORT SKILL LEVEL

CSEA
CHINA SPORTS
EDUCATION ALLIANCE

青少年游泳运动
技能等级标准与测试方法

全国青少年运动技能等级标准研制组　组编

科 学 出 版 社
北 京

内 容 简 介

本书介绍了青少年游泳运动技能等级标准与测试方法，主要内容包括“测试场地、器材、设备及人员配备要求”“测试的总体要求”“各等级测试科目”“一～九级测试方法”。各级测试方法中规定了该级测试的科目、测试方法及要求、达标标准，并对测试过程中的要点辅以图示及说明。

本书可供国家及各级教育主管部门、体育主管部门，各级体育协会，体育院校及中小学校，社会性体育培训组织相关人员参考、使用。

图书在版编目（CIP）数据

青少年游泳运动技能等级标准与测试方法 / 陈佩杰，唐炎主编. — 北京：科学出版社，2018.4
（青少年运动技能等级标准与测试方法）
ISBN 978-7-03-057037-6

Ⅰ. ①青… Ⅱ. ①陈… ②唐… Ⅲ. ①游泳－称号等级（体育）－标准 ②游泳－称号等级（体育）－测试方法 Ⅳ. ①G861.1

中国版本图书馆CIP数据核字（2018）第055605号

责任编辑：潘志坚
责任印制：谭宏宇 / 封面设计：殷 靓

科 学 出 版 社 出版
北京东黄城根北街16号
邮政编码：100717
http://www.sciencep.com
南京展望文化发展有限公司排版
广东虎彩云印刷有限公司印刷
科学出版社发行 各地新华书店经销
*
2018年4月第 一 版 开本：B5（720×1 000）
2025年4月第十三次印刷 印张：4 1/4
字数：59 000
定价：60.00元
（如有印装质量问题，我社负责调换）

《青少年运动技能等级标准与测试方法》丛书
编辑委员会

《青少年运动技能等级标准与测试方法》丛书
专家指导委员会

《青少年游泳运动技能等级标准与测试方法》编辑委员会

执行主编

黄　卫　马吉光

编　委

（按姓氏笔画排序）

马吉光　黄　卫　潘黎君

丛书序

2017年11月，国家体育总局、教育部、中央文明办、发展改革委、民政部、财政部和共青团中央7部门联合制定出台了《青少年体育活动促进计划》，明确提出“研究建立青少年运动技能等级评定标准”，并要求“各级教育部门应将运动技能等级纳入学生综合素质评价体系”。运动技能水平是衡量个体体育综合能力的关键指标，让青少年掌握1～2项运动技能是国家对青少年体育教育的基本要求。然而，如何客观有效地评判青少年运动技能的掌握水平，我们还缺乏一套行之有效的标准。毋庸讳言，当前运动技能等级标准的缺失已经成为制约青少年体育改革发展的主要因素。这对学校体育与健康课程改革的效果检验和深入推进、青少年体育素养水平评价的实施及社会性青少年体育培训的规范开展都造成了影响。因此，制定一套能展现运动项目特征、反映运动技能进阶规律、科学性强且便于测试的“青少年运动技能等级标准”（以下简称“标准”）已迫在眉睫。

2016年3月，上海体育学院组建了“标准”研制组开展相关工作。经过广泛的专题调研和充分的分析讨论后，研制组确立了四等十二级制的“标准”体系构架，并以“标准”指标能反映运动项目的实际运用能力、能反映个体运动技能水平的变化、能促进青少年运动参与的积极性、能与竞技体育运动等级标准有效衔接为基本思路，依托中国乒乓球学院强大的科研力量，以乒乓球运动技能等级标准的研制为突破口，以点带面地推进研制工作。2017年4月12日，研制组首先发布了《青少年乒乓球运动技能等级标准》（以下简称《乒乓球标准》）。《乒乓球标准》的发布得到了中国乒乓球协会与上海市教委相关领导、乒乓球界多位名宿与专家的高度肯定，国家体育总局官网、新华网、环球网等数十家媒体予以报道。在《乒乓球标准》成功发布的基础上，研制组进一步优化研制思路和路径。又历时1年，经过对9 000余名青少年进行测试和数十轮专家研讨，研制组先后完成了足球、篮球、排球、羽毛球、网球、高尔夫球、田径、体操、游泳、武术10个运动项目的“标准”研制工作。上海市学生体育协会对“标准”高度认可，并采纳其全部内容用于促进青少年学生体育活动的开展工作。同时,“标准”已作为行业主体在上海市质量技术监督局申请为“团体标准”。“标准”的正式出台对于推动青少年体育发展可以起到以下几方面的作用。第一,“标准”的体系构架能够实现普通青少年与精英运动员的运动技能水平评定的衔接,能够为体育管理部门掌握青少年运动技能等级分布情况、规划运动项目发展方向提供支撑。第二,“标准”的指标设计充分考虑到运动项目参与主体的获得感,青少年在每一阶段的进步均能通过等级的进阶得到证明,从而更好地激发和维持青少年积极参与运动的热情。第三,“标准”在对个体参与测试的资格上添加了运动经历的要素,要求被测者从进入“提高级”的测试开始,必须要具备相应的运动经历才能参与测试。这样的设置突出了“标准”作为评价工具的发展功能,能够避免青少年将技能等级提升与运动实践相割裂的弊端,从而更好地带动青少年积极运动。第四,“标准”指标体系的科学性及测试方法的便捷性能够为学校开展体育技能教学、评定学生体育技能水平提供技术支撑,能够为教育部门开展学生体育素养测评提供科学便捷的工具,更好地实践体育与健康课程的育人价值。第五,“标准”能够为各种青少年体育培训机构的培训质量提供明确的评价依据。当前,青少年体育培训机构虽然蓬勃发展,但也良莠不齐。评价培训质量的指标较多,而青少年运动技能水平的提升程度无疑才是评价培训质量优劣的重要参考。

从提出研制思路到最终成稿,上海市教委都给予了极大的支持与帮助。同时,上海体育学院国家社会科学基金重大项目《中国儿童青少年体育健身大数据平台建设研究》研究团队从项目设计开始,就将“标准”的研制作为主要的研究任务之一,并形成了专门的研究小组进行技术攻关。此外,各运动项目领域的诸多专家及协会、众多中小学学校及社会性体育培训机构也在本“标准”的研制过程中提供了大量帮助。在此,向所有为“标准”的研制工作贡献力量的人员表示衷心的感谢!

受制于学识的限制,“标准”肯定存在着诸多不完善的地方。因此,恳请广大专家学者以及应用“标准”的相关机构、组织及个人不吝赐教,多提宝贵意见,为“标准”的进一步完善提供真知灼见!

陈佩杰　唐　炎

2018年3月12日

编写说明

让青少年掌握1～2项运动技能是国家对青少年体育教育的基本要求。然而，如何评定青少年运动技能水平，尚没有客观且有效的评价标准及测试方法。上海体育学院组建了青少年运动技能等级标准研制组，共历时2年左右，首期研制了乒乓球、足球、篮球、排球、羽毛球、网球、田径、体操、游泳、武术、高尔夫球11个运动项目的技能等级标准与测试方法。

《青少年运动技能等级标准与测试方法》丛书的编写特点如下：

• 科学性强　基于万余名青少年的测试数据，经过数十轮专家论证而制定。各等级的测试科目基本涵盖了该项运动的主要技术，体现了运动项目的本质特征和运动技能的进阶规律。

• 客观性强　研制过程中尽可能采用智能化的测试手段，能够有效避免主观因素。此外，还对各运动项目的测试场地、器材、设备、测试者及被测试者提出了统一要求，从而保证了不同测试基地间测量的可信度。

• 操作性强　在保证科学性和客观性的基础上，力求各运动项目等级的测试方法更简单易行，耗时更少。

• 引领性强　不同运动项目的相同等级难度设置基本对等，具有一定的层次性。从"提高级"开始，要求具备相应的运动经历，能够激发和维持青少年的运动参与热情。

• 贯通性强　能与现行的《运动员技术等级标准》及高水平竞技运动有效衔接，从而实现普通青少年与运动精英在技能上的贯通。

• 直观性强　各等级测试过程中的要点均辅以图片进行说明，且每项测试科目都配有示范内容的视频，通过扫描二维码，即可直观、便捷地了解测试内容与方法。

目 录

四级测试

五级测试

六级测试

七级测试

八级测试

九级测试

青少年游泳运动技能等级标准与测试方法

游泳是一项老少皆宜并深受人们喜爱的运动项目，它能够全面提高身体各系统的机能，改善体质水平，增进身心健康。同时，游泳也是一项重要的生存技能。为了帮助青少年掌握一～二项运动技能，促进青少年健康成长，推动游泳运动的良好发展，特制定《青少年游泳运动技能等级标准》（以下简称“标准”）。本“标准”在整体上采用四等十二级制，主要适用于全部泳式和主要项目的评定。其中，一～三级为入门级，四～六级为提高级，七～九级为专业级，十～十二级为精英级。本“标准”仅针对一～九级，预留十～十二级与高水平运动员等级相衔接。

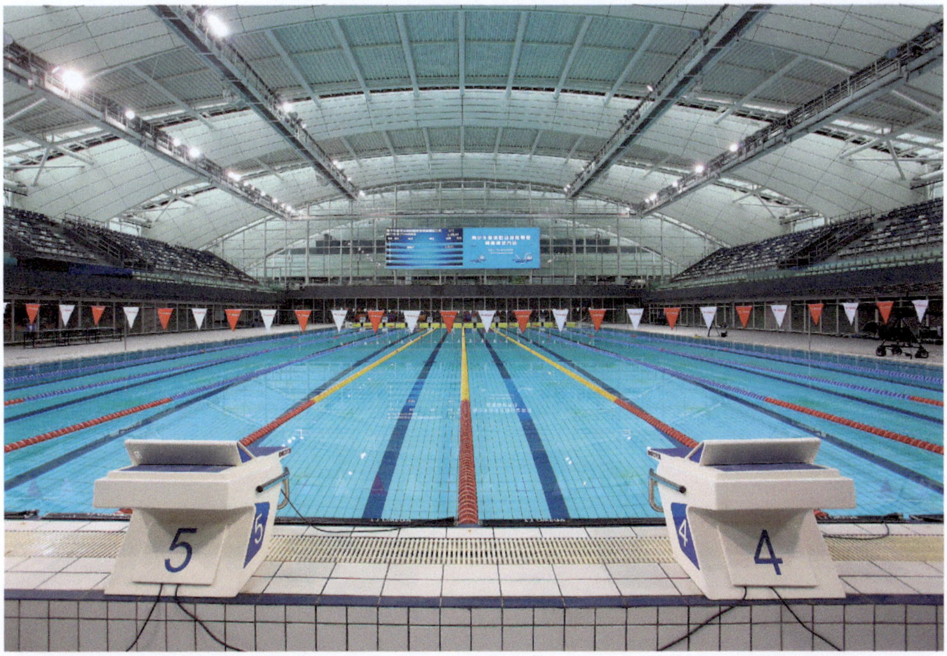

测试场地、器材、设备及人员配备要求

场地

符合中国游泳协会最新公布的《游泳竞赛规则》所认定的池长50米或25米标准游泳池，每条泳道宽度不得小于2米。提供检录与处理测试成绩的功能用房。用于测试的游泳池必须按照国家规定配备足够的救生人员与救生器材。

器材

计时系统可采用自动计时、半自动计时或人工计时（采用人工计时必须使用精确至1/100秒的数字秒表）；泳道线、仰泳转身标志线、出发召回线、发令器等。

设备

医用急救包1套，全程录像设备1套，专用电脑2台，配备网络接口，并保证网络畅通。

人员

主考官：2名。

考官：若干名。

其他考务人员：若干名。

测试的总体要求

测试规则

被测试者首次申请测试可从任何一等级开始，但应对自己的水平有一定的预估。首次测试通过后方可申请高一等级的测试，没有通过者须至少降一个等级重新申请。

本"标准"测试执行中国游泳协会最新颁布的《游泳竞赛规则》，被测试者每次测试每个科目只限一次机会。任何等级的测试只有一次出发机会，否则视为犯规，被测试者必须在自己本泳道内游完全程。

本"标准"按照中国游泳协会认定的50米和25米游泳池分别设置两套标准。除一级测试科目只限距离不限时间以外，其他各级测试科目均以时间和距离两项客观指标进行评定。

被测试者要求

被测试者在测试前自己完成充分的热身准备，携带有效的身份证明，穿着符合《游泳竞赛规则》的泳装，到检录处接受服装检查及点名，服从考务人员的指挥。

从四级开始要求被测试者应具有一定的比赛经历。申请四～六级的测试须参加过县级及以上政府相关部门主办的比赛，或者以"标准杯"冠名的相应级别比赛，或者经"标准"委员会认定的比赛。申请七～九级的测试须参加过地市级及以上政府相关部门主办的比赛，或者以"标准杯"冠名的相应级别比赛，或者经"标准"委员会认定的比赛。

考官要求

考官应认真学习测试规则并熟练掌握和运用《游泳竞赛规则》，统一着专用服装、仪表端庄，做到严肃、认真、公平、准确。测试前认真检查测试场地、器材，调试测试设备（自动计时、秒表等）。提醒被测试者做好充分的准备活动。

参加测试的考官应是取得中国游泳协会认定的游泳等级裁判员称号或经"标准"委员会认定的考官。其中，一～三级测试的主考官应为游泳二级裁判员及以上证书持有者或经"标准"委员会认定的相应级别考官，四～六级测试的主考官应为游泳一级裁判员及以上证书持有者或经“标准”委员会认定的相应级别考官，七～九级的主考官应为游泳国家级裁判员及以上证书持有者或经“标准”委员会认定的相应级别考官。所有考官均应无不良执裁记录。

测试点要求

测试点必须保持测试场地干净、清洁、卫生、明亮，无易造成伤害事故的坚硬物体；泳池内水质达到相关标准等。整个测试过程须全程录像。

各等级
测试科目

各等级测试科目一览表

测试科目		各等级测试科目								
编号	项　　目	一级	二级	三级	四级	五级	六级	七级	八级	九级
1	25米自由泳达距	☆								
2	50米自由泳		☆	☆	☆	☆	☆	☆	☆	☆
3	50米仰泳		☆	☆	☆	☆	☆	☆	☆	☆
4	50米蛙泳		☆	☆	☆	☆	☆	☆	☆	☆
5	100米自由泳			☆	☆	☆	☆	☆	☆	☆
6	100米仰泳			☆	☆	☆	☆	☆	☆	☆
7	100米蛙泳			☆	☆	☆	☆	☆	☆	☆
8	50米蝶泳			☆	☆	☆	☆	☆	☆	☆
9	200米自由泳				☆	☆	☆	☆	☆	☆
10	200米仰泳				☆	☆	☆	☆	☆	☆
11	200米蛙泳				☆	☆	☆	☆	☆	☆
12	100米蝶泳				☆	☆	☆	☆	☆	☆
13	200米个人混合泳						☆	☆	☆	☆
14	200米蝶泳							☆	☆	☆
15	400米个人混合泳							☆	☆	☆
16	400米自由泳							☆	☆	☆
17	800米自由泳							☆	☆	☆
18	1 500米自由泳							☆	☆	☆

一级测试

LEVEL 1 TEST

科　目

25米自由泳达距

测试方法及要求

考官将被测试者带入指定泳道的出发端，被测试者听到主考官哨声后上出发台（或站立池边，或跃入水中），听到发令员“各就位”口令后迅速做好出发准备姿势，听到出发信号后立即出发进行测试。

（1）被测试者可采用任何泳式。

（2）被测试者在整个游程中不得站立池底或行走、不得攀拉泳道线或池岸。

（3）被测试者可选择采用在出发台、池岸或水中蹬壁出发。采用水中蹬壁出发时，在出发信号发出前（出发准备姿势）必须至少有一手拉住出发台的仰泳出发握手器。

（4）在50米长的游泳池测试时，须在泳池25米处设置一条横跨所有泳道的标志线，并在游泳池池边25米处设一名考官，观察并确认被测试者是否触及或超过25米标志线。

要点图示及说明

25米自由泳达距

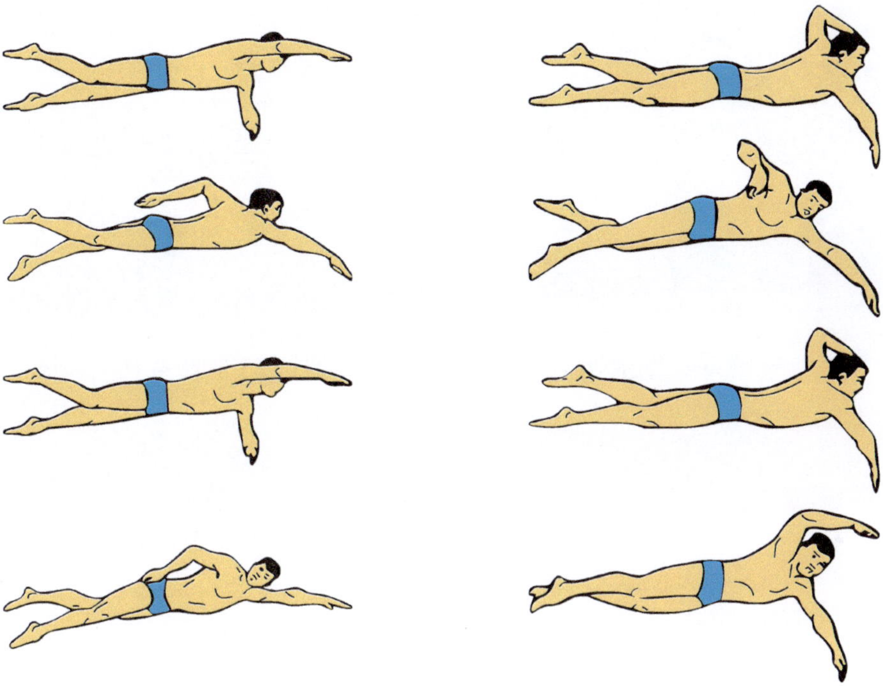

● 被测试者可以采用任何泳式

● 不能站立、不能水中行走

● 不能拉泳道线

● 红线：25米处　　● 池边25米处考官岗位图

达 标 标 准

被测试者按要求在指定泳道内完成25米游程即为合格。

二级测试

LEVEL 2 TEST

科　　目

50米自由泳
50米仰泳
50米蛙泳

测试方法及要求

被测试者可选择1个或多个科目进行测试。考官将被测试者带入指定泳道的出发端，被测试者听到主考官哨声后上出发台（或站立池边，或跃入水中），听到发令员“各就位”口令后迅速做好出发准备姿势，听到出发信号后立即出发进行测试。

被测试者可选择采用在出发台、池岸或水中蹬壁出发，采用水中蹬壁出发时，在出发信号发出前（出发准备姿势）必须至少有一手拉住出发台的仰泳出发握手器。

仰泳科目测试须按《游泳竞赛规则》规定在水中出发。所有的测试科目均遵照中国游泳协会最新颁布的《游泳竞赛规则》的规定。

要点图示及说明

50米自由泳

- 被测试者可以采用任何泳式

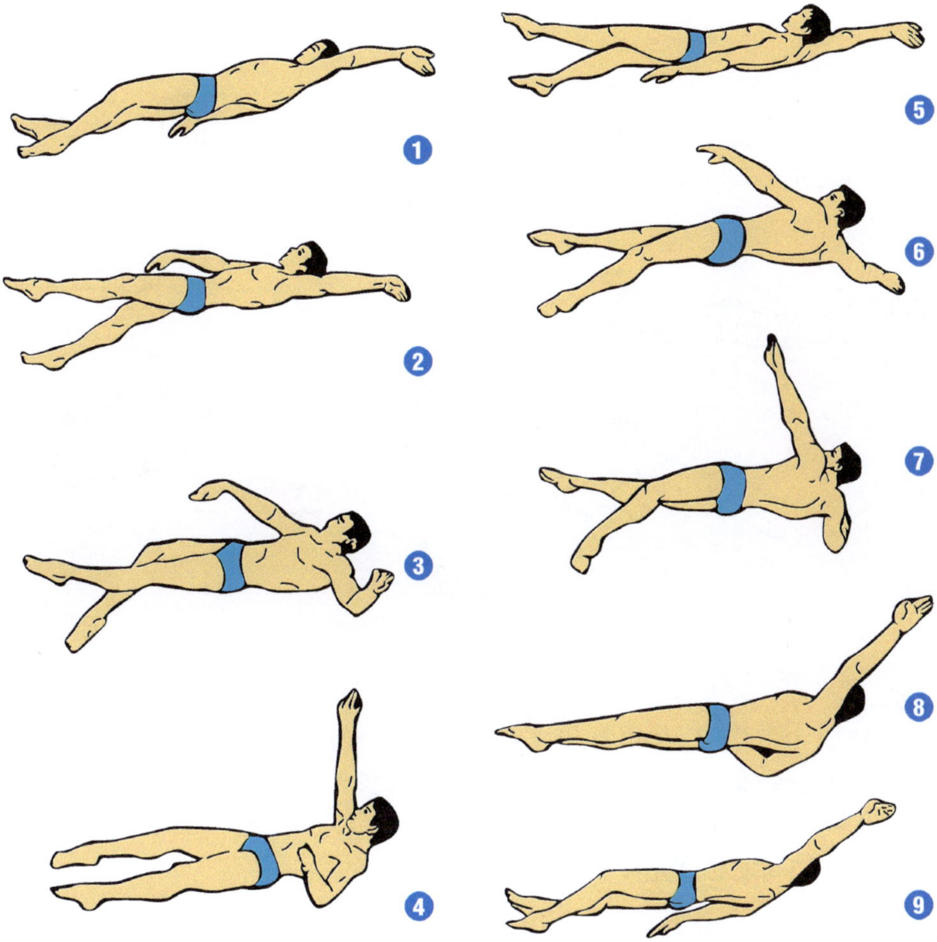

50米仰泳

● 在整个游程中，身体应始终保持仰卧姿势，只有在转身到壁前允许身体呈俯卧并可单臂或双臂同时划一次水，做连贯的转身动作。蹬离池壁时身体必须呈仰卧姿势。在整个游程中身体的某一部分必须露出水面，在出发和每次转身后，允许身体完全没入水中，在15米前（含15米）头部必须露出水面。到达终点时必须以仰卧姿势触壁

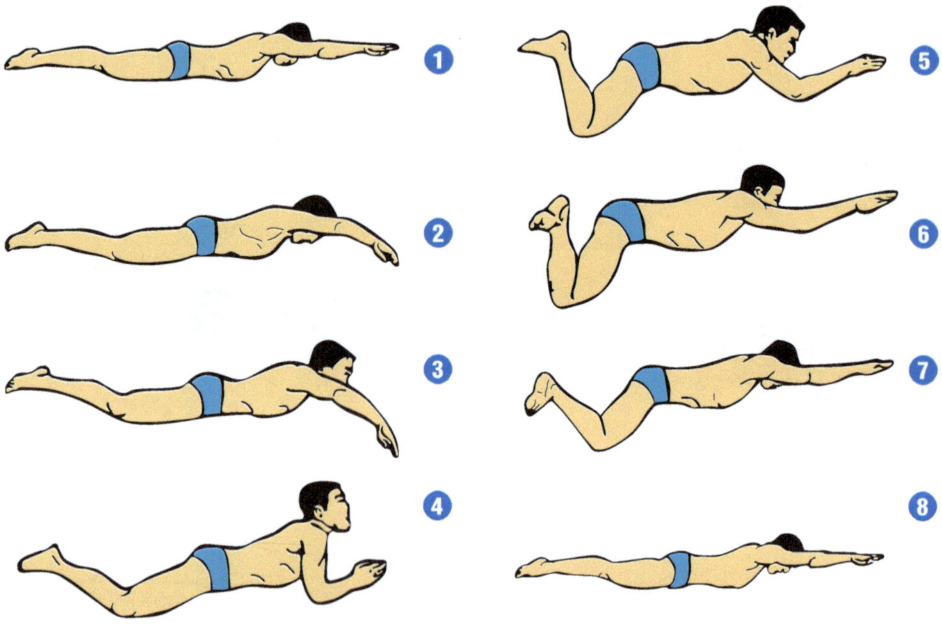

50米蛙泳

● 在整个游程中，从出发和每次转身后第一个动作开始，身体应保持俯卧，任何时候都不允许身体呈仰卧姿势，两脚外翻，两腿应同时做蹬夹动作，并在同一水面上进行。在每次转身和到达终点时两手应同时触壁。整个配合动作周期必须是按1次划手和1次蹬腿的顺序完成

达 标 标 准

项　目	泳　池	男　子	女　子
50米自由泳	50米	2 : 00.00	2 : 04.00
	25米	1 : 59.00	2 : 03.00
50米仰泳	50米	2 : 10.00	2 : 13.00
	25米	2 : 09.00	2 : 12.00
50米蛙泳	50米	2 : 15.00	2 : 26.00
	25米	2 : 14.00	2 : 25.00

三级测试

LEVEL 3 TEST

科　　目

50米自由泳、100米自由泳

50米仰泳、100米仰泳

50米蛙泳、100米蛙泳、50米蝶泳

测试方法及要求

被测试者可选择1个或多个科目进行测试。考官将被测试者带入指定泳道的出发端，被测试者听到主考官哨声后上出发台（或站立池边），听到发令员“各就位”口令后迅速做好出发准备姿势，听到出发信号后立即出发进行测试。

被测试者可选择采用在出发台，或池岸出发。

仰泳科目测试须按《游泳竞赛规则》规定在水中出发。所有的测试科目均遵照中国游泳协会最新颁布的《游泳竞赛规则》的规定。

要点图示及说明

50米自由泳　　100米自由泳

- 被测试者可以采用任何泳式

50米仰泳　　100米仰泳

- 要求被测试者掌握仰泳技术。在整个游程中，身体应始终保持仰卧姿势，只有在转身到壁前允许身体呈俯卧并可单臂或双臂同时划一次水，做连贯的转身动作。蹬离池壁时身体必须呈仰卧姿势。在整个游程中身体的某一部分必须露出水面，在出发和每次转身后，允许身体完全没入水中，在15米前（含15米）头部必须露出水面。到达终点必须以仰卧姿势触壁

50米蛙泳

100米蛙泳

● 要求被测试者掌握蛙泳技术。在整个游程中，从出发和每次转身和第一次动作开始，身体应保持俯卧，任何时候都不允许身体呈仰卧姿势，两脚外翻，两腿应同时做蹬夹动作，并在同一水平面上进行。在每次转身和到达终点时两手应同时触壁。整个配合动作周期必须是按1次划手和1次蹬腿的顺序完成

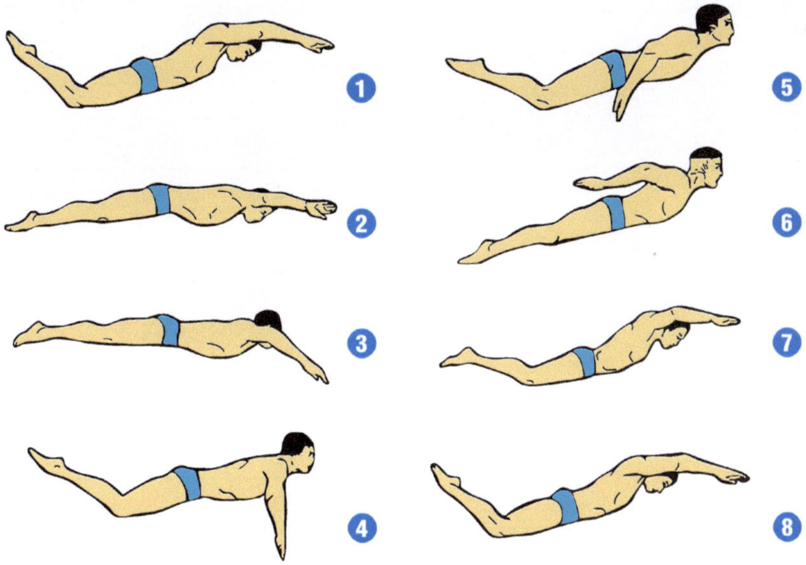

50米蝶泳

● 在整个游程中，身体应保持俯卧姿势，两臂应在水下同时向后划手并在水面上同时向前摆动。所有腿部动作应同时上下打动，两脚不允许有交替动作，不允许蹬蛙泳腿。在每次转身和到达终点时两手应同时触壁。在出发和每次转身后，允许身体完全没入水中，在15米前（含15米）头部必须露出水面

达 标 标 准

项　　目	泳　　池	男　　子	女　　子
50米自由泳	50米	1 : 10.00	1 : 14.00
	25米	1 : 09.00	1 : 13.00
100米自由泳	50米	2 : 50.00	2 : 58.00
	25米	2 : 48.50	2 : 57.00
50米仰泳	50米	1 : 20.00	1 : 25.00
	25米	1 : 19.00	1 : 24.00
100米仰泳	50米	3 : 05.00	3 : 27.00
	25米	3 : 04.00	3 : 26.00
50米蛙泳	50米	1 : 23.00	1 : 34.00
	25米	1 : 22.00	1 : 33.00
100米蛙泳	50米	3 : 07.00	3 : 31.00
	25米	3 : 05.00	3 : 29.00
50米蝶泳	50米	1 : 18.00	1 : 23.00
	25米	1 : 17.00	1 : 22.00

四级测试

LEVEL 4 TEST

科　目

50米自由泳、100米自由泳、200米自由泳
50米仰泳、100米仰泳、200米仰泳
50米蛙泳、100米蛙泳、200米蛙泳
50米蝶泳、100米蝶泳

测试方法及要求

被测试者可选择1个或多个科目进行测试。考官将被测试者带入指定泳道的出发端，被测试者听到主考官哨声后上出发台，听到发令员“各就位”口令后迅速做好出发准备姿势，听到出发信号后立即出发进行测试。

仰泳科目外必须在出发台上发出，仰泳科目测试须按《游泳竞赛规则》规定在水中出发。所有的测试科目均遵照中国游泳协会最新颁布的《游泳竞赛规则》的规定。

要点说明

50米自由泳　　100米自由泳　　200米自由泳

- 被测试者可以采用任何泳式

50米仰泳　　100米仰泳　　200米仰泳

● 要求被测试者掌握仰泳技术。在整个游程中，身体应始终保持仰卧姿势，只有在转身到壁前允许身体呈俯卧并可单臂或双臂同时划一次水，做连贯的转身动作。蹬离池壁时身体必须呈仰卧姿势。在整个游程中身体的某一部分必须露出水面，在出发和每次转身后，允许身体完全没入水中，在15米前（含15米）头部必须露出水面。到达终点必须以仰卧姿势触壁

50米蛙泳　　100米蛙泳　　200米蛙泳

● 要求被测试者掌握蛙泳技术。在整个游程中，从出发和每次转身和第一次动作开始，身体应保持俯卧，任何时候都不允许身体呈仰卧姿势，两脚外翻，两腿应同时做蹬夹动作，并在同一水平面上进行。在每次转身和到达终点时两手应同时触壁。整个配合动作周期必须是按1次划手和1次蹬腿的顺序完成

50米蝶泳　　100米蝶泳

● 要求被测试者掌握蝶泳技术。在整个游程中，身体应始终保持仰卧姿势，两臂应在水下同时向后划手并在水面上同时向前摆动。所有腿部动作应同时上下打动，两脚不允许有交替动作，不允许蹬蛙泳腿。在每次转身和到达终点时两手应同时触壁。在出发和每次转身后，允许身体完全没入水中，在15米前（含15米）头部必须露出水面

达 标 标 准

项　目	泳　池	男　子	女　子
50米自由泳	50米	55.00	59.00
	25米	54.00	58.00
100米自由泳	50米	2 : 10.00	2 : 18.00
	25米	2 : 08.00	2 : 17.00
200米自由泳	50米	4 : 50.00	5 : 06.00
	25米	4 : 46.00	5 : 02.00
50米仰泳	50米	1 : 05.00	1 : 10.00
	25米	1 : 04.00	1 : 09.00
100米仰泳	50米	2 : 26.00	2 : 52.00
	25米	2 : 25.00	2 : 51.00
200米仰泳	50米	5 : 22.00	6 : 10.00
	25米	5 : 19.00	6 : 08.00
50米蛙泳	50米	1 : 08.00	1 : 15.00
	25米	1 : 07.00	1 : 14.00
100米蛙泳	50米	2 : 28.00	2 : 56.00
	25米	2 : 26.00	2 : 54.00
200米蛙泳	50米	5 : 25.00	6 : 15.00
	25米	5 : 21.00	6 : 11.00
50米蝶泳	50米	1 : 04.00	1 : 08.00
	25米	1 : 03.00	1 : 07.00
100米蝶泳	50米	2 : 20.00	2 : 28.00
	25米	2 : 18.50	2 : 26.50

五级测试

LEVEL 5 TEST

科　目

50米自由泳、100米自由泳、200米自由泳
50米仰泳、100米仰泳、200米仰泳
50米蛙泳、100米蛙泳、200米蛙泳
50米蝶泳、100米蝶泳

测试方法及要求

被测试者可选择1个或多个科目进行测试。考官将被测试者带入指定泳道的出发端，被测试者听到主考官哨声后上出发台，听到发令员“各就位”口令后迅速做好出发准备姿势，听到出发信号后立即出发进行测试。

仰泳科目测试须按《游泳竞赛规则》规定在水中出发。所有的测试科目均遵照中国游泳协会最新颁布的《游泳竞赛规则》的规定。

要点说明

50米自由泳　　100米自由泳　　200米自由泳

- 被测试者可以采用任何泳式

50 米仰泳　　100 米仰泳　　200 米仰泳

- 要求被测试者掌握仰泳技术。在整个游程中，身体应始终保持仰卧姿势，只有在转身到壁前允许身体呈俯卧并可单臂或双臂同时划一次水，做连贯的转身动作。蹬离池壁时身体必须呈仰卧姿势。在整个游程中身体的某一部分必须露出水面，在出发和每次转身后，允许身体完全没入水中，在 15 米前（含 15 米）头部必须露出水面。到达终点必须以仰卧姿势触壁

50 米蛙泳　　100 米蛙泳　　200 米蛙泳

- 要求被测试者掌握蛙泳技术。在整个游程中，从出发和每次转身和第一次动作开始，身体应保持俯卧，任何时候都不允许身体呈仰卧姿势，两脚外翻，两腿应同时做蹬夹动作，并在同一水平面上进行。在每次转身和到达终点时两手应同时触壁。整个配合动作周期必须是按 1 次划手和 1 次蹬腿的顺序完成

50 米蝶泳　　100 米蝶泳

- 要求被测试者掌握蝶泳技术。在整个游程中，身体应保持仰卧姿势，两臂应在水下同时向后划手并在水面上同时向前摆动。所有腿部动作应同时在上下打动，两脚不允许有交替动作，不允许蹬蛙泳腿。在每次转身和到达终点时两手应同时触壁。在出发和每次转身后，允许身体完全没入水中，在 15 米前（含 15 米）头部必须露出水面

达标标准

项　目	泳　池	男　子	女　子
50米自由泳	50米	43.50	48.00
	25米	42.50	47.00
100米自由泳	50米	1 : 43.50	1 : 54.00
	25米	1 : 41.50	1 : 53.00
200米自由泳	50米	3 : 35.50	4 : 10.00
	25米	3 : 31.50	4 : 06.00
50米仰泳	50米	53.00	57.00
	25米	52.00	56.00
100米仰泳	50米	1 : 54.50	2 : 12.00
	25米	1 : 53.50	2 : 11.00
200米仰泳	50米	4 : 12.50	4 : 45.00
	25米	4 : 09.50	4 : 43.00
50米蛙泳	50米	55.00	1 : 00.00
	25米	54.00	59.00
100米蛙泳	50米	1 : 58.00	2 : 15.00
	25米	1 : 56.00	2 : 13.00
200米蛙泳	50米	4 : 18.00	4 : 53.00
	25米	4 : 14.00	4 : 49.00
50米蝶泳	50米	51.50	55.50
	25米	50.50	54.50
100米蝶泳	50米	1 : 52.50	2 : 01.00
	25米	1 : 50.50	1 : 59.00

六级测试

LEVEL 6 TEST

科　目

50米自由泳、100米自由泳、200米自由泳
50米仰泳、100米仰泳、200米仰泳
50米蛙泳、100米蛙泳、200米蛙泳
50米蝶泳、100米蝶泳
200米个人混合泳

测试方法及要求

被测试者可选择1个或多个科目进行测试。考官将被测试者带入指定泳道的出发端，被测试者听到主考官哨声后上出发台，听到发令员"各就位"口令后迅速做好出发准备姿势，听到出发信号后立即出发进行测试。

仰泳科目测试须按《游泳竞赛规则》规定在水中出发。所有的测试科目均遵照中国游泳协会最新颁布的《游泳竞赛规则》的规定。

要点说明

50米自由泳　　100米自由泳　　200米自由泳

- 被测试者可以采用任何泳式

50米仰泳　　100米仰泳　　200米仰泳

● 要求被测试者掌握仰泳技术。在整个游程中，身体应始终保持仰卧姿势，只有在转身到壁前允许身体呈俯卧并可单臂或双臂同时划一次水，做连贯的转身动作。蹬离池壁时身体必须呈仰卧姿势。在整个游程中身体的某一部分必须露出水面，在出发和每次转身后，允许身体完全没入水中，在15米前（含15米）头部必须露出水面。到达终点必须以仰卧姿势触壁

50米蛙泳　　100米蛙泳　　200米蛙泳

● 要求被测试者掌握蛙泳技术。在整个游程中，从出发和每次转身和第一次动作开始，身体应保持俯卧，任何时候都不允许身体呈仰卧姿势，两脚外翻，两腿应同时做蹬夹动作，并在同一水平面上进行。在每次转身和到达终点时两手应同时触壁。整个配合动作周期必须是按1次划手和1次蹬腿的顺序完成

50米蝶泳　　100米蝶泳

● 要求被测试者掌握蝶泳技术。在整个游程中，身体应保持仰卧姿势，两臂应在水下同时向后划手并在水面上同时向前摆动。所有腿部动作应同时上下打动，两脚不允许有交替动作，不允许蹬蛙泳腿。在每次转身和到达终点时两手应同时触壁。在出发和每次转身后，允许身体完全没入水中，在15米前（含15米）头部必须露出水面

200米个人混合泳

达标标准

项　目	泳　池	男　子	女　子
50米自由泳	50米	36.00	40.50
	25米	35.00	39.50
100米自由泳	50米	1 : 26.00	1 : 38.00
	25米	1 : 24.00	1 : 37.00
200米自由泳	50米	2 : 46.00	3 : 33.00
	25米	2 : 42.00	3 : 29.00
50米仰泳	50米	45.00	48.50
	25米	44.00	47.50
100米仰泳	50米	1 : 34.00	1 : 45.00
	25米	1 : 33.00	1 : 44.00
200米仰泳	50米	3 : 26.00	3 : 48.50
	25米	3 : 23.00	3 : 46.50
50米蛙泳	50米	46.00	50.00
	25米	45.00	49.00
100米蛙泳	50米	1 : 38.00	1 : 48.00
	25米	1 : 36.00	1 : 46.00
200米蛙泳	50米	3 : 33.00	3 : 58.00
	25米	3 : 29.00	3 : 54.00
50米蝶泳	50米	43.00	47.50
	25米	42.00	46.50
100米蝶泳	50米	1 : 34.00	1 : 43.00
	25米	1 : 32.00	1 : 41.00
200米个人混合泳	50米	3 : 39.00	3 : 58.00
	25米	3 : 36.00	3 : 55.00

七级测试

LEVEL 7 TEST

科　目

50米自由泳、100米自由泳、200米自由泳、400米自由泳、800米自由泳、1 500米自由泳

50米仰泳、100米仰泳、200米仰泳

50米蛙泳、100米蛙泳、200米蛙泳

50米蝶泳、100米蝶泳、200米蝶泳

200米个人混合泳、400米个人混合泳

测试方法及要求

被测试者可选择1个或多个科目进行测试。考官将被测试者带入指定泳道的出发端，被测试者听到主考官哨声后上出发台，听到发令员“各就位”口令后迅速做好出发准备姿势，听到出发信号后立即出发进行测试。

仰泳科目测试须按《游泳竞赛规则》规定在水中出发。所有的测试科目均遵照中国游泳协会最新颁布的《游泳竞赛规则》的规定。

要点说明

50米自由泳　100米自由泳　200米自由泳

400米自由泳　800米自由泳　1 500米自由泳

- 被测试者可以采用任何泳式

50米仰泳　　100米仰泳　　200米仰泳

- 要求被测试者掌握仰泳技术。在整个游程中，身体应始终保持仰卧姿势，只有在转身到壁前允许身体呈俯卧并可单臂或双臂同时划一次水，做连贯的转身动作。蹬离池壁时身体必须呈仰卧姿势。在整个游程中身体的某一部分必须露出水面，在出发和每次转身后，允许身体完全没入水中，在15米前（含15米）头部必须露出水面。到达终点必须以仰卧姿势触壁

50米蛙泳　　100米蛙泳　　200米蛙泳

- 要求被测试者掌握蛙泳技术。在整个游程中，从出发和每次转身和第一次动作开始，身体应保持俯卧，任何时候都不允许身体呈仰卧姿势，两脚外翻，两腿应同时做蹬夹动作，并在同一水平面上进行。在每次转身和到达终点时两手应同时触壁。整个配合动作周期必须是按1次划手和1次蹬腿的顺序完成

50米蝶泳　　100米蝶泳　　200米蝶泳

- 要求被测试者掌握蝶泳技术。在整个游程中，身体应保持仰卧姿势，两臂应在水下同时向后划手并在水面上同时向前摆动。所有腿部动作应同时上下打动，两脚不允许有交替动作，不允许蹬蛙泳腿。在每次转身和到达终点时两手应同时触壁。在出发和每次转身后，允许身体完全没入水中，在15米前（含15米）头部必须露出水面

200米个人混合泳　　400米个人混合泳

达 标 标 准

项　　目	泳　　池	男　　子	女　　子
50米自由泳	50米	27.50	31.50
	25米	26.50	30.50
100米自由泳	50米	1 : 05.00	1 : 13.00
	25米	1 : 03.50	1 : 11.00
200米自由泳	50米	2 : 23.00	2 : 39.00
	25米	2 : 19.50	2 : 35.50
400米自由泳	50米	5 : 06.00	5 : 46.00
	25米	4 : 59.00	5 : 39.00
800米自由泳	50米	10 : 32.00	12 : 02.00
	25米	10 : 18.00	11 : 48.00
1 500米自由泳	50米	20 : 15.00	23 : 45.00
	25米	19 : 50.00	23 : 20.00
50米仰泳	50米	35.50	38.50
	25米	34.50	37.50
100米仰泳	50米	1 : 14.00	1 : 21.00
	25米	1 : 13.00	1 : 20.00
200米仰泳	50米	2 : 41.00	2 : 53.00
	25米	2 : 39.00	2 : 51.00
50米蛙泳	50米	37.00	41.00
	25米	36.00	40.00
100米蛙泳	50米	1 : 20.00	1 : 29.00
	25米	1 : 18.00	1 : 27.00

（续表）

项　　目	泳　　池	男　　子	女　　子
200米蛙泳	50米	2 : 54.00	3 : 13.00
	25米	2 : 50.00	3 : 09.00
50米蝶泳	50米	32.50	36.50
	25米	31.50	35.50
100米蝶泳	50米	1 : 11.00	1 : 20.00
	25米	1 : 09.50	1 : 18.50
200米蝶泳	50米	2 : 38.00	2 : 54.50
	25米	2 : 35.00	2 : 51.50
200米个人混合泳	50米	2 : 40.00	2 : 58.00
	25米	2 : 37.00	2 : 55.00
400米个人混合泳	50米	5 : 31.00	6 : 21.00
	25米	5 : 25.00	6 : 15.00

八级测试

LEVEL 8 TEST

科　目

50米自由泳、100米自由泳、200米自由泳、400米自由泳、800米自由泳、1 500米自由泳

50米仰泳、100米仰泳、200米仰泳

50米蛙泳、100米蛙泳、200米蛙泳

50米蝶泳、100米蝶泳、200米蝶泳

200米个人混合泳、400米个人混合泳

测试方法及要求

被测试者可选择1个或多个科目进行测试。考官将被测试者带入指定泳道的出发端，被测试者听到主考官哨声后上出发台，听到发令员“各就位”口令后迅速做好出发准备姿势，听到出发信号后立即出发进行测试。

仰泳科目测试须按《游泳竞赛规则》规定在水中出发。所有的测试科目均遵照中国游泳协会最新颁布的《游泳竞赛规则》的规定。

要点说明

50米自由泳　　100米自由泳　　200米自由泳

400米自由泳　　800米自由泳　　1 500米自由泳

- 被测试者可以采用任何泳式

50 米仰泳　　100 米仰泳　　200 米仰泳

● 要求被测试者掌握仰泳技术。在整个游程中，身体应始终保持仰卧姿势，只有在转身到壁前允许身体呈俯卧并可单臂或双臂同时划一次水，做连贯的转身动作。蹬离池壁时身体必须呈仰卧姿势。在整个游程中身体的某一部分必须露出水面，在出发和每次转身后，允许身体完全没入水中，在15米前（含15米）头部必须露出水面。到达终点必须以仰卧姿势触壁

50 米蛙泳　　100 米蛙泳　　200 米蛙泳

● 要求被测试者掌握蛙泳技术。在整个游程中，从出发和每次转身和第一次动作开始，身体应保持俯卧，任何时候都不允许身体呈仰卧姿势，两脚外翻，两腿应同时做蹬夹动作，并在同一水平面上进行。在每次转身和到达终点时两手应同时触壁。整个配合动作周期必须是按1次划手和1次蹬腿的顺序完成

50 米蝶泳　　100 米蝶泳　　200 米蝶泳

● 要求被测试者掌握蝶泳技术。在整个游程中，身体应保持仰卧姿势，两臂应在水下同时向后划手并在水面上同时向前摆动。所有腿部动作应同时上下打动，两脚不允许有交替动作，不允许蹬蛙泳腿。在每次转身和到达终点时两手应同时触壁。在出发和每次转身后，允许身体完全没入水中，在15米前（含15米）头部必须露出水面

200 米个人混合泳　　400 米个人混合泳

达标标准

项目	泳池	男子	女子
50米自由泳	50米	25.70	28.90
	25米	24.70	27.90
100米自由泳	50米	59.30	1 : 06.70
	25米	58.00	1 : 05.50
200米自由泳	50米	2 : 11.00	2 : 24.60
	25米	2 : 07.00	2 : 20.60
400米自由泳	50米	4 : 39.00	5 : 08.80
	25米	4 : 32.00	5 : 01.80
800米自由泳	50米	9 : 38.00	10 : 38.00
	25米	9 : 24.00	10 : 24.00
1 500米自由泳	50米	18 : 30.00	20 : 39.00
	25米	18 : 04.00	20 : 14.00
50米仰泳	50米	32.50	35.20
	25米	31.50	34.00
100米仰泳	50米	1 : 08.00	1 : 13.80
	25米	1 : 07.00	1 : 12.80
200米仰泳	50米	2 : 27.00	2 : 38.90
	25米	2 : 25.00	2 : 36.90
50米蛙泳	50米	34.30	38.00
	25米	33.30	37.00
100米蛙泳	50米	1 : 14.60	1 : 22.40
	25米	1 : 12.60	1 : 20.40

（续表）

项　目	泳　池	男　子	女　子
200米蛙泳	50米	2 : 42.60	2 : 59.80
	25米	2 : 38.60	2 : 55.80
50米蝶泳	50米	29.20	32.90
	25米	28.20	31.90
100米蝶泳	50米	1 : 04.40	1 : 12.80
	25米	1 : 03.00	1 : 11.50
200米蝶泳	50米	2 : 23.50	2 : 36.80
	25米	2 : 20.50	2 : 33.80
200米个人混合泳	50米	2 : 27.50	2 : 41.20
	25米	2 : 24.50	2 : 38.20
400米个人混合泳	50米	5 : 11.30	5 : 43.20
	25米	5 : 05.30	5 : 37.20

九级测试

LEVEL 9 TEST

科　目

50米自由泳、100米自由泳、200米自由泳、400米自由泳、800米自由泳、1 500米自由泳

50米仰泳、100米仰泳、200米仰泳

50米蛙泳、100米蛙泳、200米蛙泳

50米蝶泳、100米蝶泳、200米蝶泳

200米个人混合泳、400米个人混合泳

测试方法及要求

被测试者可选择1个或多个科目进行测试。考官将被测试者带入指定泳道的出发端，被测试者听到主考官哨声后上出发台，听到发令员“各就位”口令后迅速做好出发准备姿势，听到出发信号后立即出发进行测试。

仰泳科目测试须按《游泳竞赛规则》规定在水中出发。所有的测试科目均遵照中国游泳协会最新颁布的《游泳竞赛规则》的规定。

要点说明

50米自由泳　　100米自由泳　　200米自由泳

400米自由泳　　800米自由泳　　1 500米自由泳

- 被测试者可以采用任何泳式

50米仰泳　　100米仰泳　　200米仰泳

● 要求被测试者掌握仰泳技术。在整个游程中，身体应始终保持仰卧姿势，只有在转身到壁前允许身体呈俯卧并可单臂或双臂同时划一次水，做连贯的转身动作。蹬离池壁时身体必须呈仰卧姿势。在整个游程中身体的某一部分必须露出水面，在出发和每次转身后，允许身体完全没入水中，在15米前（含15米）头部必须露出水面。到达终点必须以仰卧姿势触壁

50米蛙泳　　100米蛙泳　　200米蛙泳

● 要求被测试者掌握蛙泳技术。在整个游程中，从出发和每次转身和第一次动作开始，身体应保持俯卧，任何时候都不允许身体呈仰卧姿势，两脚外翻，两腿应同时做蹬夹动作，并在同一水平面上进行。在每次转身和到达终点时两手应同时触壁。整个配合动作周期必须是按1次划手和1次蹬腿的顺序完成

50米蝶泳　　100米蝶泳　　200米蝶泳

● 要求被测试者掌握蝶泳技术。在整个游程中，身体应保持仰卧姿势，两臂应在水下同时向后划手并在水面上同时向前摆动。所有腿部动作应同时上下打动，两脚不允许有交替动作，不允许蹬蛙泳腿。在每次转身和到达终点时两手应同时触壁。在出发和每次转身后，允许身体完全没入水中，在15米前（含15米）头部必须露出水面

200米个人混合泳　　400米个人混合泳

达标标准

项目	泳池	男子	女子
50米自由泳	50米	24.50	27.20
	25米	23.50	26.20
100米自由泳	50米	55.50	1 : 02.50
	25米	54.00	1 : 01.00
200米自由泳	50米	2 : 03.00	2 : 15.00
	25米	1 : 59.50	2 : 11.50
400米自由泳	50米	4 : 21.00	4 : 44.00
	25米	4 : 14.00	4 : 37.00
800米自由泳	50米	9 : 02.00	9 : 42.00
	25米	8 : 48.00	9 : 28.00
1 500米自由泳	50米	17 : 20.00	18 : 35.00
	25米	16 : 54.00	18 : 10.00
50米仰泳	50米	30.50	33.00
	25米	29.50	32.00
100米仰泳	50米	1 : 04.00	1 : 09.00
	25米	1 : 03.00	1 : 08.00
200米仰泳	50米	2 : 18.00	2 : 29.50
	25米	2 : 16.00	2 : 27.00
50米蛙泳	50米	32.50	36.00
	25米	31.50	35.00
100米蛙泳	50米	1 : 11.00	1 : 18.00
	25米	1 : 09.00	1 : 16.00

（续表）

项　目	泳　池	男　子	女　子
200米蛙泳	50米	2 : 35.00	2 : 51.00
	25米	2 : 31.00	2 : 47.00
50米蝶泳	50米	27.00	30.50
	25米	26.00	29.50
100米蝶泳	50米	1 : 00.00	1 : 08.00
	25米	58.50	1 : 06.50
200米蝶泳	50米	2 : 14.00	2 : 25.00
	25米	2 : 11.00	2 : 22.00
200米个人混合泳	50米	2 : 19.00	2 : 30.00
	25米	2 : 16.00	2 : 27.00
400米个人混合泳	50米	4 : 58.30	5 : 18.00
	25米	4 : 52.00	5 : 12.00